ACCELERATED

CLARK VALENTINE
TEKST • EDITERING

LEONARD BALSERA
SYSTEM UDVIKLING

FRED HICKS
KONCEPT • TEKST • LAYOUT

MIKE OLSON
SYSTEM EDITERING

AMANDA VALENTINE
EDITERING • KORREKTUR

CLAUDIA CANGINI
ILLUSTRATIONER

FATE ER OPRINDELIGT UDVIKLET AF
ROB DONOGHUE OG FRED HICKS

EVIL HAT
PRODUCTIONS

OVERSAT FRA ENGELSK AF
GLEN VOSS

DANSK GENSKABNING AF LAYOUT
STEFAN KIEL NIELSEN

AF209771

Originaludgave af:
Evil Hat Productions
www.evilhat.com • feedback@evilhat.com
@EvilHatOfficial på Twitter
Facebook.com/EvilHatProductions

Fate Accelerated Edition
Copyright © 2013 Evil Hat Producions, LLC
Alle rettigheder forbeholdt.

Oprindeligt udgivet i 2013 af Evil Hat Productions, LLC.
10125 Colesville Rd #318, Silver Spring, MD 20901

Evil Hat og Fate Accelerated-logoerne er varemærke-
beskyttet og ejes af Evil Hat Productions, LLC.
Alle rettigheder forbeholdt.

Fate Core fonten er © af Evil Hat Productions, LLC og er brugt med tilladelse.
De fire actionikoner er designet af Jeremy Keller.

Fate Accelerated-teksten er tilgængelig som en del af
Open Gaming license og Creative Commons license.
For mere information henvises til
www.evilhat.com eller www.faterpg.com.

Godkendt oversættelse af Evil Hat Productions, LLC.
Dansk udgave er copyright © Voss & Kiel 2017.

Forlag: Books on Demand GmbH, København, Danmark.
Tryk: Books on Demand GmbH, Norderstedt, Tyskland.

Trykt i EU.

Gengivelse til personligt brug er tilladt.

ISBN: 978-87-769155-0-6

INDHOLD

KOM IGANG!

Kan du huske de bøger, hvor teenagetroldmænd kæmpede mod den Mørke Herre? Den film, hvor dværgene kæmpede med en drage for at genvinde deres borg i bjergene? Den TV serie, hvor mystiske riddere og deres hære af kloner kæmper for det gode over hele galaksen?

Var de ikke *fantastiske*?

Nu har du chancen for at sætte dig selv i hovedrollen i eventyr ligesom dem.

Fate Accelerated Edition er et bordrollespilssystem, hvor du og dine venner samles for at fortælle historier om fare, spænding og eventyr. Du har måske prøvet et lignende spil før – f.eks. *Dungeons & Dragons* – men har du ikke, så skal du ikke bekymre dig; denne bog guider dig igennem det hele.

Her er, hvad du har brug for:

- **Tre til fem venner.** En af jer skal være **Game Master** (spilleder), og de andre er **spillere**. Vi kommer tilbage til, hvad det betyder senere.

- **Fate-terninger**, mindst fire, helst fire pr. person. Dette er en speciel seks-siddet terning, som er markeret på to sider med et plus (➕), på to sider med et minus (➖), og på to sider er blanke (⬛). Du kan købe terningerne i mange spilbutikker, ofte under deres oprindelige navn – Fudge terninger. Vi kalder dem Fate-terninger i denne bog.

> Hvis du ikke har lyst til at bruge Fudge-terninger eller ikke har nogen – så kan du også bruge en almindelig seks-sidet terning. På den læses 5 og 6 som ➕, 1 og 2 som ➖, og 3 og 4 som ⬛.

- **Fate-kort**, er et alternativ til Fate-terninger. Det er kort, som efterligner slagene med Fate-terninger, og er designet til at bliver brugt på samme måde. Fate-kort kan også købes i spilbutikker.

- **Karakterark**, et til hver spiller. Du kan kopiere dem fra bagerst i denne bog, eller downloade dem fra vores hjemmeside faterpg.dk.

- **Kartotekskort** eller **huskesedler**, eller bare nogle lignende stykker papir.

- **Poletter til Fate-point**. Det kan være poletter, perler, mønter eller noget lignende. Skaf en god håndfuld – ca. 30 til 40.

Lad os så finde ud af, hvordan I kan bruge Fate Accelerated til at fortælle historier sammen.

FORTÆL HISTORIER SAMMEN

Du har nu samlet dine venner, dine terninger, dine kort eller huskesedler, og du er klar til at spille *Fate Accelerated Edition* (vi kalder det *FAE* fremover). Tid til at fortælle historier!

HVAD BETYDER *FORTÆLLE HISTORIER?*

FAE handler om at fortælle historier. I laver en gruppe karakterer, og følger dem gennem et eventyr I forestiller jer, mens I skiftes til at fortælle en del af det.

Tænk på en film, et computerspil eller en TV serie, du kan lide, hvor karaktererne tager på eventyr – f.eks. *Star Wars* eller *The Avengers* eller *Ringenes Herre*. Tænk så på en lignende historie, hvor du og dine venner rundt om bordet beslutter hvad hovedpersonerne skal gøre, mens de bevæger sig igennem handlingen, og hvor historien ændrer sig ud fra de beslutninger, som I tager undervejs.

Nogle gange tager I en beslutning, hvor ingen rigtigt ved, hvad der vil ske; så er det tid til at finde terningerne frem for at afgøre det. Jo højere du slår, jo højere chance er der for at tingene går, som du helst vil have det.

SÅ HVORDAN GØR VI?

Først skal I bestemme jer for hvilken slags historie I vil fortælle. Hvilken genre er I interesserede i? Fantasy? Science fiction? Vil I helst spille i en verden fra en TV serie eller en tegneserie eller en film I kan lide, eller vil I lave jeres egen verden? Hvis I mangler gode råd til hvordan I kan designe en verden, så gå ind på faterpg.dk og få mere inspiration.

Mere om GM'ens opgaver: s. 35

Dernæst er det tid til at vælge hvem der skal være spillere, og hvem der skal være Game Master. Alle af jer på nær én er spillere. Hver spiller tager rollen som én karakter i historien og sætter sig i karakterens sted og tager beslutninger ligesom karakteren ville. Den sidste af jer kaldes **Game Master** (eller **GM**). Det er GM'ens rolle at finde på udfordringer til spillerne, samt at styre de karakterer, som ikke er repræsenteret ved spillere (de kaldes for **Non-Player Characters** eller **NPC'ere**).

Hvem vil du være?: s. 8

Så snart I har bestemt hvem der skal være GM, og hvilken genre og opbygning jeres historie skal have, er det tid for spillerne til at lave karakterer; det ser vi på i næste kapitel.

FORTÆLLE HISTORIER *SAMMEN*?

Alle personerne ved bordet, både GM'en og spillerne, er med til at fortælle historien. Når du som spiller tager en beslutning for din karakter (eller som GM tager beslutning for en NPC) så tænk på to ting:

Først, sæt dig i karakterens sted, og tænk grundigt over hvad *karakteren* ville gøre – også selvom det ikke er den mest smarte idé. Hvis du spiller en karakter, der nogle gange tager dårlige beslutninger, så vær ikke bange for at tage dårlige beslutninger på karakterens vegne med vilje – det kan være med til at gøre historien sjovere.

Dernæst – og det er vigtigt – så tænk på den historie der bliver fortalt. Tænk over hvilken beslutning, der vil gøre historien endnu bedre; mere interessant, mere spændende, sjovere. Ville en bestemt beslutning give muligheden for at en anden spillers karakter fik en chance for at være fantastisk? Overvej om ikke det er den rigtige beslutning.

Sådan fortæller I fantastiske historier *sammen* – ved ikke at være bange for at jeres karakterer laver fejl, og ved at tage beslutninger der gøre historien mere interessant for alle ved bordet – ikke kun for dig selv.

HVEM VIL DU VÆRE?

Så snart I har besluttet jer for, hvilken slags historie I vil fortælle i jeres spil, er det tid til at beslutte, hvordan jeres karakterer skal være – hvordan de ser ud, hvad de er gode til og hvad de tror på.

HVILKE SLAGS KARAKTERER KAN JEG SPILLE?

Tænk på den verden, I har besluttet jer for at spille i og brug det som jeres udgangspunkt. Spiller du en karakter i en skole for unge troldmænd? Så spil en ung troldmand! Spiller du i en verden hvor rumpiloter slås mod et ondt imperie? Så spil en rumpilot! Sørg for at din karakter har en grund til at samarbejde med de andre spilleres karakterer.

HVORDAN LAVER JEG EN KARAKTER?

Nu er det tid til at skrive ting ned. Find en blyant og en kopi af karakterarket. Nogle kan godt lidt at lave et elektronisk karakterark. Det er også fint, men du får brug for noget du kan slette og rette i.

HVAD ER ET ASPEKT?

Et **aspekt** er et ord eller en sætning, der beskriver noget vigtigt om din karakter. Det kan være det motto, din karakter har, en særhed, en beskrivelse af en relation til en anden karakter, en vigtig ting din karakter ejer eller en anden del af din karakter, der er helt central.

Aspekter giver dig mulighed for at ændre historien på en måde, der kæder den sammen med din karakters egenskaber, evner eller problemer. Du kan Bestemme facts: s. 29 også bruge dem til at bestemme facts omkring verdenen som f.eks. at magi findes, eller at din karakter kender til en god ven, en farlig fjende eller en hemmelig organisation.

Din karakter vil have en håndfuld aspekter (mellem tre og fem) inklusiv et **koncept** og et **problem**. Vi kommer tilbage til aspekter i *Aspekter og* Aspekter og Fate-points: s. 25 *Fate-point* – men indtil videre er det her alt, du behøver vide.

KONCEPT

Først skal du beslutte dig for et **koncept**. Det er et enkelt ord eller en sætning, der sammenfatter din karakter, siger noget om hvem du er, hvad du kan, hvad der er vigtigt. Når du skal finde på et koncept så tænk på to ting: Hvordan det vil hjælpe dig og hvordan det kan gøre ting sværere for dig. Gode koncepter gør begge dele.

Eksempler: ***Katte-Kaptajn på Cirrus skibet; Solpåkalder fra Andral Ørkenen; Ledende Operativ Agent for IGEMA***

FATE ACCELERATED

PROBLEM

Dernæst skal du beslutte dig for en ting, der giver dig problemer. Det kunne være en personlig svaghed, din tilbagevendende fjende eller noget du har lovet – hvad som helst der gør dit liv mere kompliceret.

Eksempler: **Stålsoldater er ude efter mig; Brug magi nu – stil spørgsmål senere; Skal passe på min lillebror**

ENDNU ET ASPEKT

Lav nu endnu et aspekt. Tænk på noget meget vigtigt eller interessant omkring din karakter. Er han den stærkeste i sin hjemby? Bærer hun et legendarisk sværd? Snakker hun for meget? Er han overdrevet rig?

VALGFRIT: ET ELLER TO ASPEKTER MERE

Hvis du har lyst kan du lave et til to aspekter mere, men det er helt frivilligt. Det kunne være aspekter der beskriver din karakters forhold til en anden spillers karakter eller til en NPC. Eller ligesom det tredje aspekt du lavede, kunne du beskrive noget meget interessant omkring din karakter.

Du kan også lade den ene eller begge af de to ekstra aspekter være blanke for nu og udfylde dem efter spillet er gået i gang.

NAVN OG UDSEENDE

Beskriv din karakters udseende og giv den et navn.

OM AT LAVE KARAKTERER: 30 SEKUNDERS-UDGAVEN

1. Skriv to aspekter ned *(s. 25: Et koncept og et problem)*.

2. Skriv endnu et aspekt ned.

3. Giv din karakter et navn og beskriv deres udseende.

4. Vælg dine metoder s. 18).

5. Sæt dine start point til 3.

6. Du kan skrive op til to aspekter mere ned og vælge et stunt *(s. 31)*, hvis du har lyst, eller du kan gøre det under spillet.

METODER

Vælg dine **metoder**.

En metode er en beskrivelse af *hvordan* du gennemfører en opgave. Alle har de samme seks metoder:

- Kløgtig
- Omhyggelig
- Blæret
- Lusket
- Hurtig
- Kraftfuld

Hver metode har en bonus. Vælg én som Godt (+3), to som Udmærket (+2), to som Gennemsnitligt (+1) og én som Middelmådigt (+0). Du kan forbedre dem senere i spillet. Vi kommer tilbage til, hvad hver metode betyder, og hvordan du bruger dem i *Hvordan man gør ting: Resultater, Handlinger og Metoder.*

Hvad hver metode betyder: s. 18

Dine metoder siger meget om hvordan du er. Her er nogle eksempler:

Stigen

I Fate bruges en stige med et nummer og et tillægsord til at fastsætte en karakters metode niveau, resultatet af et terningslag, sværhedsgraden af en opgave, osv. Stigen ser således ud:

+8	Legendarisk
+7	Episk
+6	Fantastisk
+5	Superb
+4	Fremragende
+3	Godt
+2	Udmærket
+1	Gennemsnitligt
0	Middelmådigt
-1	Dårligt
-2	Forfærdeligt

- **Muskelbundet**:
  Kraftfuld +3, Omhyggelig og Blæret +2, Lusket og Hurtig +1, Smart +0

- **Sportsstjernen**:
  Hurtig +3, Kraftfuld og Blæret +2, Omhyggelig og Smart +1, Lusket +0

- **Hjernen**:
  Smart +3, Omhyggelig og Hurtig +2, Lusket og Blæret +1, Kraftfuld +0

- **Skytten**:
  Omhyggelig +3, Kraftfuld og Smart +2, Lusket og Hurtig +1, Blæret +0

- **Tyven**:
  Lusket +3, Omhyggelig og Hurtig +2, Smart og Blæret +1, Kraftfuld +0

- **Musketeren**:
  Blæret +3, Hurtig og Smart +2, Kraftfuld og Lusket +1, Omhyggelig +0

STUNTS OG START POINT

Et **stunt** er en speciel egenskab, der ændrer hvordan en metode virker for din karakter. Generelt giver et stunt dig en bonus (næsten altid +2) til en bestemt metode, når den bruges sammen med en bestemt handling under særlige omstændigheder. Det kommer vi tilbage til i *Stunts*. Vælg et stunt til at starte med, eller du kan vente med at vælge dit stunt indtil spillet er gået i gang. Senere – efterhånden som din karakter bliver bedre – kan du vælge flere stunts.

Stunts: s. 31

Dine **start point** er det antal *Fate-point*, du begynder hver session med – undtagen hvis du sluttede sidste session med flere ubrugte Fate-point end dine start point – i så fald starter du med det antal du sluttede med sidst. Som udgangspunkt er dine start point lig med tre, og de bliver reduceret med én for hvert stunt du vælger *ud over* de tre første – dvs. at dine første tre stunts er gratis! Efterhånden som din karakter bliver bedre får du mulighed for at få flere start point. Du må aldrig tage flere stunts end så du har ét start point tilbage.

HVOR MANGE STUNTS?

Som udgangspunkt anbefaler *FAE* at hver spiller vælger ét stunt til at starte med. Hvis dette er første gang, du spiller et Fate spil, vil det måske være nemmere at vælge dit første stunt, når du har spillet lidt, så du får en fornemmelse for, hvad et godt stunt kunne være. Bare skriv stuntet ned under eller efter den første gang du spiller.

Hvis du på den anden side er en erfaren Fate-spiller, så vil du sikkert se, at på samme måde som i *Fate Core* har din karakter mulighed for at vælge op til tre stunts, før det koster dig noget af dine start point. I så fald bør du bruge den mindst erfarne spiller som udgangspunkt; hvis der er spillere, der aldrig har spillet Fate før, så lad dem vælge hvor mange stunts alle starter med. Hvis alle er erfarne, og I har lyst til at starte med bedre karakterer, så vælg alle tre stunts til at begynde med og gå i gang.

HVEM VIL DU VÆRE?

HVORDAN MAN GØR TING: RESULTATER, HANDLINGER OG METODER

Nu er det tid til at gøre noget. Du vil hoppe fra én togvogn i fart til en anden. Du har brug for at undersøge hele biblioteket for at finde dén ene formular, du virkelig mangler. Du vil distrahere vagterne, for at du kan snige dig ind på borgen. Hvordan finder du ud af om det lykkedes?

Først **fortæller** du, hvad du har tænkt dig at gøre. Din egen karakters aspekter er et godt udgangspunkt for, hvad du *kan* gøre. Hvis du har et aspekt, der siger, at du kan udføre magi, så brug det til at udføre en formular. Hvis du har et aspekt, der beskriver dig som en sværdfægter, så træk sværdet og brug det. Detaljerne i, hvad du fortæller, giver ikke en ekstra regelfordel. Du får ikke en bonus fra din magi eller dit sværd, med mindre du vælger at **aktivere** et aspekt, der passer til situationen. Normalt er evnen til at bestemme facts i historien ved brug af et aspekt bonus nok!

Hvordan ved du, om det lykkes? For det meste lykkedes du, fordi handlingen ikke er svær at udføre, og ingen prøver at stoppe dig. Men hvis det at fejle kan lede til en interessant ændring i handlingen, eller hvis noget uforudsigeligt kan ske, så bliver du nødt til at tage terningerne frem.

FORETAG EN HANDLING: 30 SEKUNDERS-UDGAVEN

1. Beskriv, hvad din karakter prøver at gøre. Find ud af om noget eller nogen kan forhindre det.

2. Vælg en handling, som du vil foretage: Skab en fordel, Overvind, Angrib eller Forsvar.

3. Beslut dig for din metode.

4. Slå med terningerne, og læg din metode til.

5. Vælg, om du vil bruge et aspekt til at forbedre dit resultat.

6. Find ud af, hvad resultatet bliver.

FATE ACCELERATED

TERNINGER ELLER KORT

For at finde ud af, hvad dit resultat bliver, skal du lave et tilfældigt tal, og det kan gøres på to måder: Slå med fire Fate-terninger eller træk et Fate-kort.

Fate-terninger er én måde at finde ud af resultatet. Du slår altid med fire Fate-terninger pr. gang. Hver terning kan enten vise (-), (+) eller (0), og du lægger dem sammen for at få det samlede resultat. For eksempel:

$$\boxminus\boxplus\blacksquare\boxplus = +1 \qquad \boxplus\boxminus\blacksquare\blacksquare = 0$$

$$\boxplus\boxplus\boxplus\boxminus = +2 \qquad \boxminus\blacksquare\blacksquare\blacksquare = -1$$

Fate-kort er et spil kort, der efterligner slagene med Fate-terninger. Du kan bruge dem i stedet for terninger – begge dele virker lige godt.

> Reglerne i bogen er skrevet med udgangspunkt i, at du bruger Fate-terninger, men brug det, jeres gruppe foretrækker. Hver gang der står, at du skal slå med terningerne, så betyder det at du også kan vælge at trække et Fate-kort.

RESULTATER

Når du har slået med terningerne, lægger du din metodes bonus til (det kommer vi tilbage til om lidt) og evt. en bonus fra et aspekt eller et stunt. Sammenlign dit resultat med målet, som enten er en sværhedsgrad eller et resultat af GM'ens terningslag for en NPC. Udfaldet kan enten være:

Sæt sværheds-graden s. 37

- Du **fejler**, hvis dit resultat er *mindre end* din modstanders resultat.

- Det er **uafgjort** hvis dit resultat er *det samme som* din modstanders resultat.

- Du **vinder** hvis dit resultat er *større end* din modstanders resultat.

- Du **vinder overlegent** hvis dit resultat er mindst *tre større end* din modstanders resultat.

Nu, hvor du har fundet ud af, hvad resultater er, så kommer du til handlinger, og hvordan resultater fungerer sammen med dem.

HANDLINGER

Du har fortalt, hvad din karakter prøver at gøre, og du har fundet ud af, at der er en mulighed for at det kan fejle. Find dernæst ud af, hvilken **handling** der bedst beskriver det, du prøver at gøre. Der er fire grundhandlinger, der dækker alt hvad du gør i spillet.

SKAB EN FORDEL

Kompliceret? Gå ind på faterpg.dk/ spillet og se eksempler.

Skab en fordel er alt hvad du prøver at gøre for at hjælpe dig selv eller dine venner. Brug et øjeblik til at sigte med din proton-pistol, flere timer med at forske i biblioteket eller et sekund på at spænde ben for de mænd, der er ved at røve jer – alle tæller som at skabe en fordel. Din modstander får måske en chance for at bruge **forsvar**-handlingen for at prøve at stoppe dig. Når du skaber en fordel får du mulighed for at gøre én af følgende tre ting:

Mere om aspekter: s. 25

- Lav et *nyt* situationsaspekt.

- Find et *eksisterende* situationsaspekt eller et aspekt knyttet til en karakter eller NPC, som *du ikke kendte*

- Drag fordel af et *eksisterende* aspekt, som *du allerede kendte*

Hvis du laver et nyt aspekt eller finder et eksisterende aspekt:

- **Hvis du fejler**: Enten lavede du ikke eller fandt ikke aspektet, eller du laver eller finder aspektet, men din *modstander* får mulighed for at aktivere det gratis. Den sidste mulighed fungerer bedst hvis du laver eller finder noget, som andre kan få fordel af (som f.eks. **ujævnt terræn**). Du kan blive nødt til at lave om på beskrivelsen af aspektet for at vise, at det gavner andre end din karakter – find ud af det sammen med den der får en gratis aktivering. Du kan stadig aktivere aspektet, men det koster et Fate-point.

Boosts: s. 26

- **Hvis det er uafgjort**: Hvis du prøver at lave et nyt aspekt, får du i stedet et **boost**. Giv det et navn og brug det én gang gratis – derefter forsvinder boost´et igen. Hvis du prøver at finde et eksisterende aspekt, så tæller det som at vinde (se herunder).

- **Hvis du vinder**: Du laver eller finder aspektet, og du eller en ven kan aktivere det én gang gratis. Skriv aspektet ned på en seddel og læg det på bordet.

- **Hvis du vinder overlegent**: Du laver eller finder aspektet, og du eller en ven kan aktivere det *to gange* gratis. Normalt kan man ikke aktivere det samme aspekt to gange på det samme terningslag, men det her er en undtagelse: at vinde overlegent giver dig en STOR fordel!

FATE ACCELERATED

Hvis du prøver at drage fordel af et eksisterende aspekt, du allerede kender:

- **Hvis du fejler**: Du får ikke nogen fordel af aspektet. Du kan stadig aktivere det – det koster et Fate-point.

- **Hvis det er uafgjort eller du vinder**: Du eller én af dine venner kan aktivere aspektet én gang gratis. Du kan evt. tegne en boks på sedlen med aspektet, og krydse den af når aktiveringen er brugt.

- **Hvis du vinder overlegent**: Du får *to* gratis aktiveringer af aspektet som du eller en ven kan bruge.

HANDLINGER OG RESULTATER: 30 SEKUNDERS-UDGAVEN

Skab en fordel når du laver eller finder et aspekt:
- **Fejler:** Laver eller finder ikke – eller du gør, men din modstander (ikke dig) får en gratis aktivering.
- **Uafgjort:** Få et boost hvis du laver nyt, eller betragt som vundet hvis du leder efter eksisterende.
- **Vinder:** Lav eller find aspektet, få en gratis aktivering.
- **Vinder overlegent:** Lav eller find aspektet, få to gratis aktiveringer.

Skab en fordel på et aspekt, du allerede kender:
- **Fejler:** Ingen fordel.
- **Uafgjort:** Få en gratis aktivering på aspektet.
- **Vinder:** Få en gratis aktivering på aspektet.
- **Vinder overlegent:** Få to gratis aktiveringer på aspektet.

Overvind:
- **Fejler:** Fejler eller vælger at vinde med alvorlig konsekvens.
- **Uafgjort:** Vinder med en mindre konsekvens.
- **Vinder:** Du lykkedes med det, du var i gang med.
- **Vinder overlegent:** Du lykkedes med det, du var i gang med, og får et boost.

Angrib:
- **Fejler:** Ingen effekt.
- **Uafgjort:** Angrebet skader ikke modstanderen, men du får et boost.
- **Vinder:** Angrebet rammer og laver skade.
- **Vinder overlegent:** Angrebet rammer og laver skade. Kan reducere skaden med én for at lave et boost.

Forsvar:
- **Fejler:** Du rammes af konsekvenserne af din modstanders angreb.
- **Uafgjort:** Se på din modstanders handling for at finde resultatet.
- **Vinder:** Din modstander lykkedes ikke med det, de var i gang med.
- **Vinder overlegent:** Din modstander lykkedes ikke med det, de var i gang med, og du får et boost.

OVERVIND

Sæt sværheds-graden s. 37

Fjern et situations-aspekt: s. 26

Du kan bruge **overvind**-handlingen til at komme forbi en forhindring mellem dig og dit mål – dirk en lås op, kom fri af håndjern, spring over en kløft, flyv et rumskib gennem astero-ider. At bruge tid på ændre et situationsaspekt til din fordel er som regel en overvind-handling; det taler vi mere om i *Aspekter og Fate-point*. Målet for din overvind-handling får muligvis en chance for at bruge en forsvar-handling til at stoppe dig.

- **Hvis du fejler**: Nu har du et svært valg. Du kan vælge at fejle – døren er stadig låst, din modstander står stadig mellem dig og udgangen, rumskibet er stadig i hælene på dig. Eller du kan vælge at vinde men med en alvorlig omkostning – måske tabte du noget vigtigt, måske tog du skade. Din GM afgør hvad der er en alvorlig omkostning.

- **Hvis det er uafgjort**: Du opnår dit mål men med en mindre omkost-ning. Din GM kan vælge at introducere en komplikation, eller stille dig over for et svært valg (du kan redde én af dine venner men ikke den anden) eller en anden tvist.

- **Hvis du vinder**: Du lykkedes med det, du var i gang med. Døren springer op, du undviger din modstander på vej mod udgangen, det lykkedes at ryste rumskibet af.

- **Hvis du vinder overlegent**: Samme resultat som hvis du vandt, men du får også et boost.

ANGRIB

Brug **angrib**, når du prøver at skade nogen enten fysisk eller mentalt – f.eks. ved at svinge et sværd, skyde med en laser-riffel eller råbe en fornærmelse for at skade din modstander. (Vi kommer tilbage til skade i *Av! Skade, Stress og Konsekvenser* men det vigtigste er: Hvis nogen bliver skadet alvorligt, så er de slået ud af scenen). Din modstander får mulighed for at bruge en forsvar-handling for at stoppe dig.

- **Hvis du fejler**: Dit angreb rammer ikke. Modstanderen undgår dit sværd, dit skud rammer forbi, din fornærmelse gør ikke indtryk.

- **Hvis det er uafgjort**: Dit angreb er ikke kraftigt nok til at gøre skade, men du får et boost.

- **Hvis du vinder**: Dit angreb rammer og du gør skade. Se *Av! Skade, Stress og Konsekvenser*.

- **Hvis du vinder overlegent**: Du rammer og gør skade, og du har muligheden for at reducere din skade med én og samtidigt få et boost.

Skade, stress og konsekvenser: s. 22

FORSVAR

Brug **forsvar**, når du aktivt prøver at stoppe nogen fra én af de tre andre handlinger – du prøver at undgå et sværdslag, at blive på fødderne, blokere en udgang eller lignende. Normalt bruges forsvars-handlingen på *en andens tur* som en reaktion på deres angreb, overvind- eller skab en fordels-handling. Du kan også bruge forsvars-handlingen til at modstå noget, som ikke er tænkt som et angreb, eller som et forsvar for en anden, hvis du kan forklare hvorfor det kan lade sig gøre. Normalt er det fint hvis alle ved bordet er enige om, at det kan lade sig gøre, men du kan også påpege et specifikt situations-aspekt for at retfærdiggøre det. Gør du det, er du målet for et eventuelt skadende resultat.

- **Hvis du fejler**: Du modtager skade alt efter angriberens resultat.

- **Hvis det er uafgjort eller du vinder**: Det gik ikke helt galt – se på beskrivelsen af din modstanders resultat for at se, hvad der sker.

- **Hvis du vinder overlegent**: Din modstander opnår ikke det de prøvede på, og du får et boost.

FÅ HJÆLP

En ven kan hjælpe dig med at udføre en handling. Når en ven hjælper dig, opgiver de deres egen handling i bytte for at hjælpe, og de skal beskrive hvordan de gør det; du får +1 til dit terningslag for hver ven der hjælper. Normalt kan kun én til to personer hjælpe, før de begynder at gå i vejen for hinanden; GM'en afgør hvor mange personer, der kan hjælpe på én gang.

VÆLG DIN METODE

Hvem vil du være?: s. 8

Som vi nævnte i *Hvem vil du være?*, så er der seks **metoder,** der beskriver hvordan du udfører en handling.

- **Kløgtig**: En kløgtig handling kræver at du tænker hurtigt, løser problemer eller tager højde for komplekse ubekendte. Finder en svaghed i en modstanders sværd-teknik. Finder det svage punkt i en borgmur. Fixer en computer.

- **Omhyggelig**: En omhyggelig handling er en, hvor du er opmærksom på detaljer og tager din tid for at udføre handlingen korrekt. Sigter på lang afstand med en bue. Står opmærksomt på vagt. Slår bankens alarm system fra.

- **Blæret**: En blæret handling giver dig opmærksomhed; den er udført i flot stil. En storslået tale til en hær. Ydmygelse af en modstander i en duel. At lave et magisk fyrværkeri.

- **Lusket**: En lusket handling gøres med henblik på at vildlede, snige sig eller snyde. Undgå at blive arresteret ved at tale sig ud af situationen. Stjæle noget ud af en lomme. En finte i en sværdkamp.

- **Hurtig**: En hurtig handling kræver, at du bevæger dig adræt og behændigt. Undvige en pil. Få det første slag ind. Afmontere en bombe som den tæller 3… 2… 1…

- **Kraftfuld**: En kraftfuld handling er ikke subtil – det er rå styrke. At brydes med en bjørn. Nedstirre sin modstander. At fremmane en kraftig magisk formular.

Hver karakter har en bonus for hver metode fra +0 til +3. Læg den bonus til dit terning-slag for at finde ud af, hvor godt din karakter klarer den handling, du har beskrevet.

Så umiddelbart tænker du nok, at du bare skal vælge den metode din karakter har med den højeste bonus? Men sådan virker det ikke: Du skal basere din metode på din **beskrivelse** af, hvad din karakter gør, og du kan ikke beskrive en handling, der ikke giver mening. Ville du snige dig Kraftfuldt gennem et mørkt rum, mens du gemmer dig for vagterne? Nej – det er at være Lusket. Ville du Omhyggeligt skubbe den store sten væk fra vejen, så vognen kan komme forbi? Nej – det kræver at du er Kraftfuld. Omstændighederne sætter rammerne for, hvilken metode du kan bruge, så nogle gange må du bruge en metode, som ikke er din stærkeste.

SLÅ TERNINGERNE, LÆG DIN BONUS TIL

Så er det tid til at samle terningerne op og slå. Find din bonus for den metode du har valgt, og læg den til terningslaget. Hvis du har et stunt som er relevant, så læg det til også. Det er dit resultat. Sammenlign det med din modstanders resultat eller den sværhedsgrad, din GM har sat.

BESLUT DIG FOR, OM DU VIL ÆNDRE PÅ DIT RESULTAT

Til sidst skal du vælge, om du vil ændre på resultatet ved at aktivere dig et aspekt – det kommer vi tilbage til i *Aspekter og Fate-point*.

UDFORDRINGER, DYSTER OG KONFLIKTER

Se mere om hvornår du bruger hvad på faterpg.dk/ spillet

Vi har talt om de fire handlinger (skab en fordel, overvind, angrib og forsvar) og de fire resultater (fejlet, uafgjort, vundet og vundet overlegent). Men i hvilken sammenhæng bruges de?

Sæt sværheds- graden: s. 37

Normalt, når du vil gøre noget, er det ligetil – svøm over en brusende flod, hack en telefon – alt hvad du behøver er at lave en overvinds-handling mod en sværhedsgrad fastsat af din GM. Så ser du på resultatet og tager den derfra.

Men nogle gange kan tingene være lidt sværere at regne ud.

UDFORDRINGER

En **udfordring** er en serie af handlinger (normalt overvind eller skab en fordel), som bruges til at finde resultatet af en særligt kompleks situation. Hver overvinds-handling har at gøre med én del af en opgave eller situation, og for at finde resultatet ser man på alle handlinger samlet.

For at definere en udfordring så start med at beslutte hvilke delopgaver, der indgår i situationen, og afgør hver af dem med et separat terningslag for at overvinde.

Afhængig af situationen kan det være én karakter, der laver flere over-vinds-handlinger, eller det kan deles mellem flere karakterer. GM'en er ikke forpligtiget til at fortælle om alle del-opgavernes sværhedsgrad på forhånd – justér dem efterhånden som udfordringen afgøres for at holde fortællingen interessant.

> Eksempel: *Spillerne er et mandskab på et skib fanget i en storm. De beslutter sig for at fortsætte for at prøve at nå til deres mål på trods af vejret, og GM'en foreslår at det afgøres som en udfordring. Del-opgaverne kunne være at berolige de paniske passagerer, at reparere de beskadigede sejl og at holde skibet på ret kurs.*

DYSTER

Når to personer eller mere konkurrerer mod hinanden for at nå det samme mål, men ikke direkte prøver at skade hinanden, så er der tale om en **dyst**. Eksempler på det kunne være en biljagt, en offentlig debat eller en bueskytte-turnering.

En dyst afgøres som en serie af udvekslinger. I en udveksling tager hver person en overvinds-handling for at finde ud af, hvor godt de klarer sig i dén del af dysten. Sammenlign dit resultat med alle andres.

Hvis du fik det højeste resultat, vinder du udvekslingen – du fik en sejr (som du kan markere på et stykke papir) og du kan nu beskrive, hvordan du ligger i front. Hvis du vinder overlegent får du to sejre.

Hvis det er uafgjort får ingen en sejr, men en uventet ændring indtræder. Det kunne være flere forskellige ting afhængig af situationen – omgivelserne eller underlaget ændrer sig, reglerne i dysten ændres eller et uventet nyt forhold opstår, som påvirker alle deltagere. GM'en laver et nyt situations-aspekt, som markerer ændringen, og lægger det i spil.

Den første deltager, der får tre sejre, har vundet.

KONFLIKTER

Konflikter bruges til at afgøre situationer, hvor personer prøver at gøre skade på hinanden. Det kunne være fysisk skade (en sværdkamp, en troldmands-duel, en skudduel med laservåben) men det kunne også være en mental skade (et voldsomt forhør, et magisk mentalt angreb).

BESKRIV SCENEN

Find ud af hvad der sker, hvor personerne er henne og hvordan omgivelserne ser ud. Hvem er modstanderne? GM'en kan skrive et par situationsaspekter ned på huskesedler eller kartotekskort og lægge dem på bordet. Spillerne kan også foreslå situationsaspekter.

GM'en definerer også **zoner** – det er områder, der fortæller noget om, hvor personerne er. I kan basere zonerne på beskrivelsen af scenen og følgende retningslinjer:

Generelt kan du have konflikter med andre personer i samme zone som dig selv – eller i zoner der støder op til, hvis du kan retfærdiggøre hvorfor (f.eks. hvis du har et våben eller en formular der skader på afstand).

KONFLIKTER PÅ 30 SEKUNDER

1. Beskriv scenen

2. Afgør rækkefølgen

3. Start udvekslingen:
   - På din tur, foretag en handling
   - På andres tur, forsvar dig mod deres handling
   - Når alle har haft en tur, start en ny udveksling eller end konflikten.

FATE ACCELERATED

Du kan bevæge dig én zone gratis. En handling er påkrævet, hvis der er en forhindring imellem zonerne eller nogen prøver at stoppe dig, eller hvis du vil flytte to zoner eller mere. Det kan være en hjælp at tegne en skitse for at illustrere zonerne.

Eksempel: *En bande angriber karaktererne i et hus. Stuen er en zone, køkkenet er en anden, terrassen uden for en tredje og baghaven en fjerde. Alle i samme zone kan slå på hinanden. Fra stuen kan man kaste ting efter dem i køkkenet, eller man kan flytte ind i køkkenet gratis, med mindre der er nogen, der blokerer vejen. At komme fra stuen til terrassen eller baghaven kræver en handling, hvis de ikke støder op til hinanden.*

AFGØR RÆKKEFØLGEN

Din tur i en konflikt afgøres af dine metoder. I en fysisk konflikt sammenligner du din Hurtig-metode med de andre i konflikten – den med højest hurtighed handler først. I en mental konflikt sammenligner du Omhyggelig-metoden – dit fokus på detaljer afgør, om du er opmærksom på fare. Den, der har den højeste metode, handler først, og derefter handler alle andre i faldende orden. I tilfælde af uafgjort afgør I sammen, hvad der giver bedst mening – GM'en har den endelige afgørelse.

GM: Det er lettest for dig, hvis du vælger den bedste modstander som udgangspunkt for hvornår NPC'ere handler – og lad alle handle på samme tid. Men hvis der er god grund til at afgøre rækkefølgen individuelt for NPC'erne, så gør bare det.

UDVEKSLINGER

Lad så alle personer tage deres tur i rækkefølge. På deres tur kan en person vælge én af de fire handlinger. Find ud af resultatet for hver handling. Konflikten er overstået, når kun den ene side har personer tilbage i kampen.

De fire handlinger s. 14

AV! SKADE, STRESS OG KONSEKVENSER

Når du rammes af et angreb, ser du på forskellen mellem angrebsresultatet og forsvarsresultatet for at afgøre, hvor alvorligt det er; det måler vi i **skift**. For eksempel: Hvis din modstander får +5 på hans angreb, og du får +3 på dit forsvar, så svarer det til to skift i skade (5 - 3 = 2).

Så kan der ske to ting:

- Du modtager **stress** og/eller **konsekvenser**, men du bliver i kampen.

- Du bliver **taget ud**, hvilket betyder, at du er ude af kampen.

STRESS OG KONSEKVENSER: 30 SEKUNDERS-UDGAVEN

- Hver karakter starter med tre stressbokse

- Graden af skade (i skift)
  = Angrebsresultat - Forsvarsresultat

- Når du tager skade, skal du beslutte, hvordan din karakter påvirkes. En måde at absorbere skade er ved at tage stress; du kan markere en stress-boks for at absorbere al eller noget af skaden fra et angreb. Hver stressboks absorberer skade svarende til nummereret ved den: Én for boks 1, to for boks 2, tre for boks 3.

- Du kan også tage en eller flere konsekvenser for at for at absorbere skade. Det gør du ved at skrive et aspekt i den relevante konsekvens-boks. Mild konsekvens = 2 skift, Moderat konsekvens = 4 skift, Alvorlig konsekvens = 6 skift.

- Hvis du ikke kan (eller ikke vil) absorbere hele angrebet, så er du taget ud. Din modstander bestemmer hvad der sker med dig.

- Du kan trække dig, før din modstander slår med terningerne – det betyder at du får mulighed for at bestemme, hvordan du undslipper scenen. Det giver dig også et Fate-point!

- Stress og milde konsekvenser slettes ved afslutningen af en scene, hvis du får mulighed for at hvile dig inden næste scene. Andre konsekvenser tager længere tid.

HVAD ER STRESS?

Hvis du bliver ramt og ikke vil tages ud, så kan du beslutte at tage stress.

Stress repræsenterer, at du bliver træt eller irriteret, får et overfladisk sår eller en anden tilstand som hurtigt går væk.

Dit karakterark har et **stress-spor**; en række med tre bokse. Når du modtager skade og markerer en stressboks, absorberer boksen et antal skift svarende til nummeret: Ét skift for boks 1, to for boks 2 og tre for boks 3.

Du kan *kun* markere én stressboks for et enkelt angreb, men du *kan godt* markere en stressboks og tage en eller flere konsekvenser samtidigt. Du kan ikke markere en stressboks, som du allerede har markeret en gang før!

HVAD ER KONSEKVENSER?

Konsekvenser er aspekter, som du vælger, som viser at du er ramt på en eller anden måde. Dit karakterark har plads til at du kan skrive tre konsekvenser. Hver af dem er markeret med et nummer: 2 (Mild konsekvens), 4 (moderat konsekvens) og 6 (alvorlig konsekvens). Nummeret repræsenterer det antal skift som absorberes af konsekvensen. Du kan udfylde så mange konsekvenser, som du vil for at absorbere et enkelt angreb, men kun hvis de ikke er udfyldt i forvejen. Hvis du allerede har en moderat konsekvens udfyldt, så kan du ikke tage endnu en, før du har gjort noget, der har fået den første til at gå væk!

Problemet med konsekvenser er, at hver af dem er nye aspekter, som dine modstandere kan aktivere til at bruge mod dig. Jo flere du har, jo mere udsat er du. Og på samme måde som med situationsaspekter får personen, der laver dem (i det her tilfælde personen som ramte dig) en gratis aktivering på konsekvensen. De kan også vælge at lade en af deres venner bruge den gratis aktivering.

Eksempel: *Lad os forestille os, at du bliver ramt hårdt og modtager skade svarende til 4 skift. Du kan markere stress-boks 2 på dit stress-spor, hvilket betyder at du stadig har to skift du skal absorbere. Hvis du ikke kan det bliver du taget ud, så det er tid til at tage en konsekvens. Du kan vælge at skrive et nyt aspekt i den konsekvens markeret med 2 – for eksempel* **Forstuvet fod**. *Så har du absorberet de sidste 2 skift og du kan blive ved med at kæmpe.*

Hvis du ikke er i stand til at absorbere alle skift fra skaden – ved at markere en stressboks, tage en konsekvens eller begge dele – bliver du taget ud.

HVAD SKER DER, HVIS JEG BLIVER TAGET UD?

Hvis du bliver taget ud, kan du ikke længere indgå i scenen. Den, der tager dig ud fortæller, hvad der sker med dig. Sørg for, at det passer ind i fortællingen – måske løber du ud i skam, eller måske bliver du slået bevidstløs.

AV! SKADE, STRESS OG KONSEKVENSER

AT TRÆKKE SIG

Hvis du er hårdt presset i en kamp, kan du **trække dig** – men du bliver nødt til at erklære, hvad du vil gøre *inden* din modstander slår med terningerne.

At trække sig er anderledes end at blive taget ud, fordi du får indflydelse på, hvad der sker med dig. Din modstander får en stor indrømmelse fra dig – snak om, hvad der giver mening i situationen – men det er trods alt bedre end at blive taget ud og ikke have nogen indflydelse.

Derudover får du et Fate-point for at trække dig, og et Fate-point for hver konsekvens du tog i kampen. Det er din mulighed for at sige "du vandt denne runde, men jeg får dig næste gang!" og have en stak Fate-point til at bakke det op.

AT KOMME SIG FRA STRESS OG KONSEKVENSER

Når en scene slutter, kan du fjerne markeringerne i dine stressbokse. At komme sig fra konsekvenser er lidt mere kompliceret; du bliver nødt til at beskrive, hvordan du kommer dig over dem – om det er et besøg på en skadestue, en gåtur for at køle lidt af, eller hvad der nu passer til konsekvensen. Du bliver også nødt til at vente et stykke tid:

- **Mild konsekvens:** Fjern den *når scenen slutter*, forudsat at du har tid til at hvile lidt.

- **Moderat konsekvens:** Fjern den ved afslutningen af *næste session*, forudsat at det passer ind i historien.

Scenarier: s. 36 - **Alvorlig konsekvens:** Fjern den ved afslutningen af *scenariet*, forudsat at det passer ind i historien.

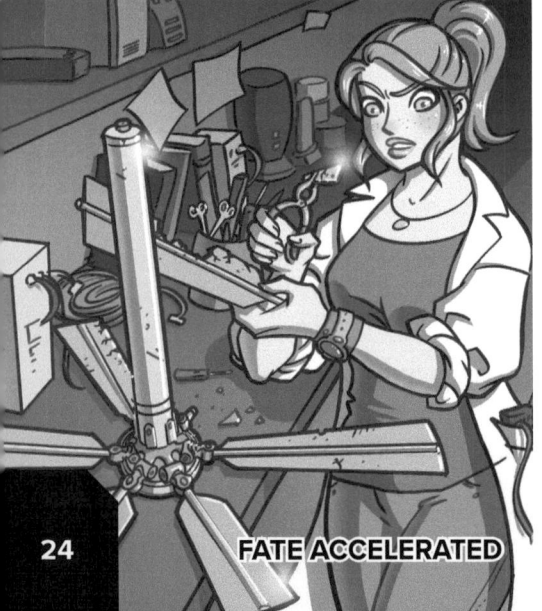

NAVNGIVNING AF MODERATE OG ALVORLIGE KONSEKVENSER

Moderate og alvorlige konsekvenser bliver hængende et stykke tid. Derfor kan det være nødvendigt at ændre navnet på et tidspunkt, så det passer bedre ind i historien. Hvis du for eksempel tager på skadestuen fordi du har *Brækket benet*, kan du bagefter ændre navnet til *Går på krykker*.

ASPEKTER OG FATE-POINT

Et **aspekt** er et ord eller en sætning, der beskriver noget specielt omkring en person, et sted, en ting, en situation eller en gruppe. Næsten alt, hvad du kan forestille dig, kan have et aspekt. En person kan være Den Største Sværdmester på Skyhavet. Et rum kan være I Brand, efter at du vælter en olielampe. Efter at have mødt en dinosaur på en tidsrejse kan det være, at du er Rædselsslagen. Aspekter lader dig ændre en historie på en måde, som spiller sammen med din karakters evner, væremåder og problemer.

Du **bruger Fate-point** – som du kan holde styr på ved hjælp af poletter, mønter, perler eller lignende – for at aktivere aspekter, så de hjælper dig. Du kan **tjene Fate-point** ved at lade din karakter blive tvunget til at følge et aspekt for at gøre en situation mere kompliceret eller dit liv sværere. Sørg for at holde styr på hvor mange Fate-point du har ved afslutningen af en session – hvis du har flere end dine start point, så starter du næste session med det antal Fate-point du sluttede med.

Start-point: s. 11

Eksempel: *Du tjente mange Fate-point ved dagens spil og sluttede med fem Fate-point. Dine start-point er to, så du starter næste spil med fem Fate-point. Men en anden spiller slutter samme spil med kun et Fate-point. Hans start point er tre, så han begynder næste spil med tre Fate-point, og ikke kun det ene han havde tilbage.*

HVILKEN SLAGS ASPEKTER ER DER?

Der findes uendeligt mange aspekter, men uanset hvad de hedder, virker de på samme måde. Den afgørende forskel er, hvor længe de bliver i spillet, før de forsvinder igen.

Karakter-aspekter: Disse aspekter er noteret på dit karakterark som for eksempel koncept og problem. De beskriver din karakters personligheds-træk, vigtige detaljer fra din fortid, relationer til andre, vigtige genstande eller titler du har, problemer du slås med eller mål du arbejder mod eller en forpligtigelse du har. Disse aspekter ændrer sig kun under særlige omstæn-digheder; de fleste ændre sig aldrig.

Koncept: s. 8

Problem: s. 9

Eksempler: ***Kaptajn på Himmelskibet Nimbus; På flugt fra Ridderne af Cirklen; Opmærksom på detaljer; Jeg må passe på min bror***.

Situationsaspekter: Disse aspekter beskriver omgivelserne, som scenen foregår i. Det inkluderer aspekter, som du laver eller finder med **skab en fordel**-handlingen. Et situationsaspekt forsvinder normalt, når scenen, det var en del af slutter, eller når nogen foretager en handling, som ændrer eller fjerner det. Basalt set eksisterer de kun så længe, det element i situationen de var en del af findes.

Eksempler: *I Brand; Stærkt Sollys; En Flok af Vrede Mennesker, Oversvømmet*

For at fjerne et situationsaspekt kan du prøve en overvinds-handling, forudsat at du kan beskrive en måde, hvorpå din karakter kan gøre det – smide en spand vand på den Brølende Ild, at bruge undvige-manøvrer for at undslippe det fjendtlige skib, der Forfølger Dig. En modstander kan bruge en forsvars-handling for at prøve at bevare aspektet, hvis de kan forsvare, hvordan de gør.

At komme sig:
s. 24

Konsekvenser: Disse aspekter repræsenterer skader eller andre traumer, som er sket, fordi du er blevet ramt af et angreb. De forsvinder med tiden som beskrevet i *Av! Skade, Stress og Konsekvenser*.

Eksempler: **Forstuvet Fod; Frygt for Edderkopper; Hjerne-rystelse; Mistet Troen**

Boosts: Et boost er et midlertidigt aspekt, som du kun kan bruge én gang (se *Hvad gør man med aspekter?* herunder) hvorefter det forsvinder. Ubrugte boosts forsvinder, når scenen de er lavet i ender, eller hvis fordelen, de repræsenterer ikke længere findes. De skal ses som midlertidige fordele, du kan få i en konflikt med andre.

Eksempler: **I Sigte; Distraheret; Dårligt Fodsfæste; Sten i Skoen.**

FATE ACCELERATED

HVAD GØR MAN MED ASPEKTER?

Der er tre ting, man kan gøre med aspekter: **Aktivere** aspekter, **tvinge** aspekter og bruge aspekter til at **bestemme facts**.

AKTIVERE ASPEKTER

Du **aktiverer** et aspekt for at give dig selv en bonus eller for at gøre noget sværere for din modstander. Du kan aktivere et aspekt du a) kender og b) kan beskrive hvordan det kan hjælpe dig – også aspekter på andre personer eller situationen. Normalt koster det et Fate-point at aktivere et aspekt – giv en af dine poletter til GM'en. For at aktivere aspektet skal du kunne beskrive, hvordan det hjælper dig i din situation.

> **SPILLER MOD SPILLER**
>
> Det eneste tidspunkt hvor et Fate-point ikke gives til GM'en, er når du er i en konflikt med en anden spiller. Hvis du er, og du aktiverer et af den anden spillers aspekter for at hjælpe dig imod ham, så får han Fate-pointet i stedet for GM'en. Spilleren kan dog først bruge det, når scenen er overstået.

- Jeg angriber zombien med mit sværd. Jeg ved at zombier er *Langsomme*, så det er en hjælp.
- Jeg vil gerne skræmme min modstander. Jeg ved at han er *Bange for Mus*, så jeg sætter mus ud i hans soveværelse.
- Nu hvor vagten er *Distraheret*, burde jeg kunne snige mig op på ham.
- Min formular skal være virkelig kraftig – jeg er *Ærketroldmand af den Ældste Orden*, og kraftige formularer er mit speciale.

Så hvilken fordel får du af at aktivere et aspekt? Vælg en af følgende:

- Læg en +2 bonus til dit slag. Det koster et Fate-point.

- Slå alle terninger en gang til. Denne mulighed er bedst, hvis du har slået virkeligt dårligt (normalt hvis terningerne viser -3 eller -4). Det koster et Fate-point.

- Konfrontér en modstander med et aspekt. Du kan bruge denne mulighed, hvis din modstander prøver en handling, og du kan beskrive hvordan aspektet vil gøre det sværere for dem. For eksempel: En alien prøver at trække sin laserpistol, men han er Begravet i Affald; du bruger et Fate-point til at aktivere aspektet, og din modstanders sværhedsgrad øges med +2.

- Hjælp en ven med et aspekt. Brug denne mulighed, hvis en ven har brug for hjælp, og du kan se at et eksisterende aspekt ville gøre situationen nemmere for dem. Du bruger et Fate-point til at aktivere aspektet, og din ven får nu +2 til sit terningeslag.

Vigtigt: Du kan kun aktivere aspekter én gang til et givet terningeslag; du kan ikke bruge en stak Fate-points på det samme aspekt og få en kæmpe bonus. Du kan dog *godt* aktivere flere forskellige aspekter til det samme terningeslag: Hvis du aktiverer et aspekt for at lægge en bonus til eller slå et terningeslag igen, så vent til *efter* at du har slået det. Der er ingen grund til at bruge et Fate-point, hvis du ikke behøver det!

Gratis aktivering: Nogle gange får du mulighed for at aktivere et aspekt gratis uden at skulle bruge et Fate-point. Hvis du laver eller finder et aspekt ved hjælp af **skab en fordel**-handlingen, så er den første aktivering (til dig eller en ven) gratis (hvis du vinder overlegent får du *to* gratis aktiveringer). Hvis du påfører din modstander en konsekvens, så kan du eller en ven aktivere den en gang gratis. Et **boost** er et specielt slags aspekt, som tillader en gratis aktivering, hvorefter det helt forsvinder.

Vinde overlegent: s. 13

Boost: s. 26

TVINGE ASPEKTER

Hvis du er i en situation, hvor det at have et bestemt karakter-aspekt betyder, at scenen kompliceres eller bliver mere dramatisk, så kan du blive **tvunget** til et aspekt. Du kan også tvinge dig selv til et aspekt. At tvinge aspekter er den mest almindelige måde spillere kan tjene Fate-point på.

Der er to måder man kan blive tvunget til et aspekt:

Beslutninger: Denne slags tvang giver svaret til en beslutning, din karakter skal tage. Hvis din karakter for eksempel er Prinsesse af Alaria, så kan du blive nødt til at blive og lede forsvaret af det royale Alarianske slot i stedet for at flygte i sikkerhed. Eller hvis du er Flabet Som En Slagterdreng, så kan du måske ikke holde munden lukket, når skolens dekan udspørger dig.

Handlinger: Andre gange repræsenterer tvang af et aspekt noget, der gør din karakters liv mere kompliceret. Hvis du har Sælsomt Held, så sker det selvfølgelig, at den eliksir, du arbejder på i klassen, farver din eliksirmesters hår orange. Hvis du Skylder Don Valdeon en tjeneste, så dukker Don Valdeon op og forlanger din hjælp, lige når det er mest ubelejligt.

Når et aspekt tvinges imod dig, tilbyder personen der gør det (oftest GM'en) dig et Fate-point og foreslår hvad aspektet tvinger dig til at gøre – enten at du beslutter dig for at gøre noget bestemt, eller at handlingen tager en bestemt drejning. I kan så diskutere det frem og tilbage og foreslå justeringer. Efter et minut eller to må du beslutte dig for, om du vil acceptere at blive tvunget til at følge aspektet. Hvis du accepterer modtager du et Fate-point og din karakter tager den beslutning, eller handlingen ændrer sig på den måde, som I blev enige om. Hvis du nægter må du *betale* et Fate-point selv. Og ja – det betyder at hvis du ikke har flere Fate-point, så kan du ikke nægte!

BESTEMME FACTS

Den sidste ting du kan gøre med aspekter er at **bestemme facts** i spillet. Du behøver ikke at bruge et Fate-point, slå med terninger eller gøre andet – ved simpelthen at have aspektet Pilot på Falken har du erklæret at din karakter er pilot og at du flyver et skib ved navn *Falken*. Aspektet Ærkefjende: De røde Ninja´er fortæller, at jeres spil har en organisation ved navn *De røde Ninja´er* og at I er svorne fjender. Hvis du har aspektet Troldmand af Den Inderste Cirkel, fortæller ikke bare, at der er en gruppe af troldmænd kaldet Den Inderste Cirkel, men også *at magi eksisterer i jeres spil, og at du er magiker.*

Når du erklærer sandheder på denne måde, så sørg for at du gør det i samarbejde med de andre spillere og GM'en. Hvis de andre spillere helst vil spille i en verden uden magi, så bør du ikke beslutte noget andet på egen hånd igennem et aspekt. Sørg for at de sandheder, I erklærer gennem aspekter, gør spillet sjovere for alle.

HVOR MANGE FATE-POINT FÅR GM'EN?

Som GM behøver du ikke holde styr på Fate-point for hver NPC, men det betyder ikke, at du har et uendeligt antal. Start hver scene med et Fate-point for hver spiller, der er i scenen. Brug Fate-point fra denne pulje til at **aktivere** NPC´ers aspekter. Når den er tom kan NPC´er ikke aktivere aspekter i scenen mere.

Hvordan kan du gøre puljen større? Når en spiller **tvinger** en NPCs aspekt så læg det Fate-point til puljen. Hvis det er med til at slutte scenen – eller hvis en NPC trækker sig – så læg i stedet det Fate-point oveni puljen til næste scene.

Fate-point du som GM bruger til at tvinge spillernes aspekter kommer IKKE fra denne pulje. Du behøver aldrig at bekymre dig om at løbe tør for Fate-point til at tvinge spillernes aspekter.

AT LAVE GODE ASPEKTER

Når du skal finde på et godt aspekt (her taler vi primært om karakter- og situationsaspekter) så tænk på to ting:

Find flere tips til at lave aspekter på faterpg.dk/karakterer

- Hvordan kan aspektet hjælpe dig – hvornår vil du kunne aktivere det.
- Hvordan kan aspektet hindre dig – hvornår vil du kunne blive tvunget til at følge det.

For eksempel:

Jeg får dig, von Stendahl!

- Aktivér aspektet i kamp mod von Stendahl for at øge dine chancer.
- Få et Fate-point, når din vrede over von Stendahl får dig til at gøre noget dumt.

Lynhurtige reflekser

- Aktivér aspektet, når dét at reagere ekstra hurtigt hjælper dig.
- Få et Fate-point, når det betyder, at du reagerer uden at nå at tænke.

Det er meningen, at dit problem-aspekt skal gøre livet sværere for dig – så du derfor også kan tjene Fate-point – så det er ok, at ét er lidt ensidigt, men dine andre karakter- og situationsaspekter skal være mere tveæggede.

FATE ACCELERATED

STUNTS

Stunts er tricks, manøvrer eller teknikker, som ændrer den måde en metode virker for dig. Generelt betyder det, at du får en bonus i bestemte situationer, men det kan også betyde, at du får en ny evne. Et stunt kan også beskrive et specielt, eksotisk eller unikt stykke udstyr, som din karakter har adgang til, som giver dig en fordel i forhold til andre personer.

Metoder: s. 18

Der er ikke en endelig liste af stunts du vælger fra; på samme måde som med aspekter sammensætter du selv dine stunts. Der er to metoder, du kan bruge til at sammensætte dit stunt.

Den første type stunt giver dig en +2 bonus, når du bruger en bestemt metode i en bestemt situation. Brug følgende opskrift:

Fordi jeg [*beskriv en måde hvorpå du er speciel, har et unikt stykke udstyr eller i det hele taget er fantastisk*], får jeg +2 når jeg [*vælg en: Kløgtigt, Omhyggeligt, Blæret, Lusket, Hurtigt, Kraftfuldt*] [*vælg en: Angriber, Forsvarer, Skaber en fordel, Overvinder*] når [*beskriv en omstændighed*].

For eksempel:

- Fordi jeg er **en tricktyv** får jeg +2 når jeg **Lusket Skaber en fordel** når **jeg snakker med en anden.**

- Fordi jeg **elsker puslespil** får jeg +2 når jeg **Kløgtigt Overvinder** når **jeg prøver at løse gåder.**

- Fordi jeg er en **fægter i verdensklasse** får jeg +2 når jeg **Blæret Angriber** når **jeg er i en duel.**

- Fordi jeg har **et stort skjold** får jeg +2 når jeg **Kraftfuldt Forsvarer** når **jeg bruger mit skjold i nærkamp**.

Nogle gange – hvis omstændighederne er særligt restriktive – kan man benytte et stunt til både skab en fordels- *og* overvinds-handlingen.

Find flere eksempler på stunts på faterpg.dk/ karakterer

Den anden slags stunt lader dig gøre noget sejt, noget som ellers ikke kunne lade sig gøre eller som ignorerer reglerne på en specifik måde. Brug følgende opskrift:

Fordi jeg [*beskriv en måde hvorpå du er speciel, har et unikt stykke udstyr eller i det hele taget er fantastisk*], kan jeg en gang pr. session [*beskriv noget hvor du ikke følger de normale regler*].

For eksempel:

- Fordi jeg **har de rette forbindelser**, kan jeg en gang pr. session **finde en NPC, der vil hjælpe mig, når jeg har brug for det.**
- Fordi jeg **er hurtig på aftrækkeren**, kan jeg en gang pr. session **handle som den første i en runde i en fysisk konflikt.**
- Fordi jeg **er hurtigere end en leopard**,kan jeg en gang pr. session **dukke op lige hvor jeg vil, uanset hvor jeg startede fra, forudsat at jeg kunne løbe derhen.**

Disse eksempler skulle gerne give dig en vejledning til, hvordan du kan konstruere dine egne stunts, men du behøver ikke følge dem til punkt og prikke, hvis du har en god idé til et stunt. I sidste ende er det GM'en, der beslutter, om du kan vælge et bestemt stunt.

FATE ACCELERATED

AT BLIVE BEDRE: KARAKTER-UDVIKLING

Personer ændrer sig. Dine evner bliver bedre, når du træner dem. Du samler livserfaringer, og de former din personlighed. I *Fate Accelerated Edition* efterligner vi det ved **karakter-udvikling**, som tillader dig at ændre dine aspekter, tage nye stunts eller ændre dem du har og øge dine metoder. Det gør du, når du når en milepæl.

MILEPÆLE

Historier i TV-serier, tegneserier, film og endda computerspil fortsætter fra episode til episode og sæson til sæson. Det tog Frodo tre store bøger at tage Ringen til Dommedagsbjerget. Det tog Aang tre sæsoner at besejre Ildfyrsten. Du er sikkert med på, hvor vi vil hen. *FAE* kan bruges til at fortælle den slags historier, hvor du spiller den samme karakter gennem mange sessioner – det hedder **en kampagne** – hvor historien bygger videre spil efter spil. Men i disse lange historier er der kortere fortællinger som afsluttes, på samme måde som en episode i en TV-serie eller en enkelt nummer af en tegneserie. *FAE* kan bruges til både at fortælle de kortere fortællinger og hele kampagnen.

I *FAE* kalder vi afslutningen på en fortælling en **milepæl** – uanset om det er de små i korte fortællinger eller de rigtigt store efter flere sessioner. I *FAE* bruger vi tre typer af milepæle, og hver af dem kan bruges til at ændre din karakter på bestemte måder.

MINDRE MILEPÆLE

En **mindre milepæl** markerer normalt slutningen på en session, eller når et stykke af en historie er fortalt. I stedet for at opgradere karakteren, handler denne slags milepæl om muligheden for at ændre på karakteren som en reaktion på hvad der sker i historien. Nogle gange giver det ikke mening at udnytte en mindre milepæl, men du har altid muligheden.

Efter en mindre milepæl kan du vælge en (men kun en) af følgende:

- Byt rundt på niveauet mellem to metoder

- Lav om på beskrivelsen af et aspekt, som *ikke* er dit koncept

- Byt ét stunt ud med et andet stunt

- Vælg et nyt stunt (og træk én fra dine start-point, hvis du allerede havde tre eller flere stunts)

Husk også at hvis du har en moderat konsekvens, så check om du har haft den i to sessioner. Hvis du har, så kan du fjerne den.

VÆSENTLIGE MILEPÆLE

Scenarier: s. 36 En **væsentlig milepæl** markerer normalt afslutningen på et scenarie eller konklusionen på et større handlingsforløb (hvis du er i tvivl, så vil det normalt være efter to til tre sessioner). I modsætning til mindre milepæle som handler mest om at ændre, så handler en væsentlig milepæl om at lære nye ting – håndteringen af problemer og udfordringer har gjort din karakter bedre.

Ud over muligheden for en ændring fra en mindre milepæl får du mulighed for at gøre *begge dele* herunder:

• Hvis du har en alvorlig konsekvens som du har haft i to sessioner kan du slette den

• Læg +1 til en af dine metoder

> ### FORBEDRING AF DINE METODER
>
> Når du forbedrer en metode, så er der én regel du skal huske: Du kan ikke forbedre en metode til mere end superb (+5).

STORE MILEPÆLE

En **stor milepæl** markeres kun når der sker noget i en kampagne, som ændrer fuldstændigt på forløbet – slutningen på en længere historie, NPC-boss'en bliver overvundet eller en anden stor begivenhed, der giver genlyd i hele jeres spils verden.

Disse milepæle handler om at få flere kræfter. De problemer, I blev stillet over for i går, er ikke længere nok til at udfordre jeres karakterer, og fremtidens modstandere bliver nødt til at være bedre organiseret, stærkere og mere resolutte.

En stor milepæl giver samme fordele som både en mindre *og* en væsentlig milepæl. Oveni får du mulighed for at gøre *begge dele* herunder:

• Få et ekstra start point, som du kan bytte til et nyt stunt, hvis du ønsker det.

• Lav om på beskrivelsen af din karakters koncept (hvis du har lyst).

HVAD GØR JEG SOM GM?

En Game Master har mange opgaver som for eksempel at beskrive scener og konflikter, at styre NPC´er og at hjælpe med at anvende reglerne i situationerne i spillet.

Lad os tale lidt om de forskellige opgaver.

HJÆLP MED AT BYGGE KAMPAGNER

En **kampagne** er en serie af scenarier, der spilles med de samme karakterer, hvor historien i et scenarie bygger videre på den foregående. Alle spillere bør sammen med GM'en være med til at planlægge, hvordan kampagnen skal fungere. Normalt er det nok med en snak mellem alle spillere og GM'en, hvor I bestemmer hvilken slags helte I vil spille, hvilken slags verden I vil spille i og hvilken slags modstandere I vil møde. Tal om, hvor alvorligt spillet skal tages, og hvor lang tid I forestiller jer at I skal spille det.

Eksempel:

- Kattemenneske-pirater i flyvende himmelskibe, som altid er på flugt fra den kongelige flåde, der prøver at tage dem til fange.
- Ørkenfolk med magi som bekæmper en invaderende horde af onde soldater fra Stål-imperiet.
- Elever på en skole for troldmandskunst, der løser mysterier og afslører hemmeligheder om deres ældgamle akademi.

> ### LÆR HVORDAN DU BLIVER EN GM
> At være Game Master og at styre spillet kan synes som en stor opgave til at begynde med. Det er en evne som kræver øvelse, så tag det helt roligt – du bliver bedre, jo mere du gør det. Hvis du har lyst til at læse mere om at være GM i Fate, så gå ind på faterpg.dk, hvor du kan finde mere inspiration.

BYG SCENARIER OG STYR SPILLET

Et **scenarie** er en kort historie, nogenlunde det du vil se i én til to episoder af en TV-serie, selvom det kan være en del af en længere historie. Normalt kan du gennemføre et scenarie i en til tre sessioner, forudsat at I spiller tre til fire timer pr. session. Men hvad er et scenarie og hvordan bygger du et?

SCENARIER

Et scenarie kræver to ting: En skurk med et mål, og en grund til at spillerne ikke kan ignorere det.

Skurk med et mål: Du har sikkert allerede regnet det ud. Din kampagnes primære modstander – eller en af hans allierede – er formentligt denne person.

Noget spillerne ikke kan ignorere: Nu har du brug for at give spillerne en grund til, at de interesserer sig for hvad der sker. Sørg for at skurkens mål er tydeligt for spillerne, så de bliver nødt til at forholde sig til det. Sørg også for at skurkens mål involverer spillerne eller noget, de er knyttet til.

STYR SPILLET

Nu, hvor modstanderen er i gang med noget, som spillerne har lagt mærke til, så er det tid til at få spillet i gang. Nogle gange er den bedste måde at komme i gang, at få spillerne involveret i noget action. Så snart spillerne ved hvorfor de bør være interesserede i, hvad der foregår, så lad dem gå i gang med det med det samme.

Når det er sagt – så er der nogle opgaver, som GM'en skal udføre i løbet af en session:

- **Styr scenerne**: Et scenarie er opbygget af flere scener. Beslut dig for, hvor en scene begynder, hvem er til stede og hvad sker der. Beslut dig for, hvornår alt af interesse er overstået og scenen slutter.

- **Styr reglerne**: Når et spørgsmål kommer op omkring reglerne, så er det dig, der har den endelige beslutning.

- **Sæt sværhedsgrader**: Du beslutter hvor svære forhindringerne er (se næste afsnit).

Sæt sværheds-graden: s. 37

- **Spil NPC'erne**: Hver spiller kontrollerer deres karakter, men du kontrollerer resten – inklusive modstandere.

- **Hold ting i gang**: Hvis spillerne ikke ved, hvad de skal gøre som det næste, så er det dit job at give dem et skub. Lad ikke handlingen gå i stå, hvis spillerne ikke kan beslutte sig for hvad det vil gøre – træd ind og skub handlingen videre.

- **Sørg for at alle har en mulighed for at være fantastiske**: Dit mål er ikke at slå spillerne, men at give dem udfordringer. Sørg for, at alle spillere får chancen for at være i centrum på et tidspunkt – lige fra den store kriger til den luskede tyv.

SÆT SVÆRHEDSGRADER

Hvis en spiller står over for en NPC i en dyst eller konflikt, så er det dit terningeslag der afgør, hvor stor modstanden er. Men hvis der ikke er en aktiv modstander, så må du som GM afgøre sværhedsgraden af opgaven.

Lave sværhedsgrader fungerer bedst, når du vil give spillerne chancen for at være fantastiske. **Sværhedsgrader i nærheden af spillernes eget metodeniveau** fungerer bedst, når du vil lave spænding uden at overvælde dem. **Høje sværhedsgrader** er til når du vil understrege, hvor ekstreme eller desperate omstændighederne er, og at spillerne bliver nødt til at trække på alle ressourcer.

RETNINGSLINJER:

- Hvis en opgave ikke er svær, så sæt sværhedsgraden til Middelmådigt (+0) – eller fortæl spilleren, at de klarer den uden at skulle slå med terningerne.

- Hvis du kan komme i tanke om bare én grund til, hvorfor opgaven skulle være svær så sæt sværhedsgraden til Udmærket (+2)

- Hvis opgaven er meget svær, så sæt sværhedsgraden til Fremragende (+4)

- Hvis opgaven er umuligt svær, så sæt sværhedsgraden så højt, som det giver mening. Spillerne vil blive nødt til at bruge Fate-point og få hjælp for at klare den – men det er også meningen.

> **SVÆRHEDSGRAD AFHÆNGIG AF METODE**
>
> Nogle gange kan spillere have tendens til at vælge den metode, de har højest niveau i – uanset situationen. Prøv som GM at sætte sværhedsgraden af opgaven, så den reflekterer den metode der bliver brugt. Måske er døren af fremragende kvalitet (+4 til at ødelægge den Kraftfuldt) men låsen er måske kun udmærket lavet (+2 til at dirke den Omhyggeligt op).

MODSTANDERE

Når du laver modstandere, kan du give dem et karakterark præcis som med en spiller, så de har aspekter, metoder, stress og konsekvenser. Det er en god idé til vigtige NPC´er eller nogen, der komme til at indgå flere gange i kampagnen, men normalt bør du ikke have mere end en eller to i et scenarie.

Håndlangere: Andre modstandere er **håndlangere** – anonyme banditter eller monstre, som gør spillernes dag lidt sværere, men som er bygget, så de ikke er for stor en udfordring specielt for stærke karakterer.

Sådan finder du ud af deres niveauer:

1. Lav en liste over ting de er gode til. De får +2 til at gøre dem.

2. Lav en liste over ting de er dårlige til. De får -2 når de skal gøre dem.

3. Til alt andet får de +0.

4. Giv dine håndlangere et aspekt eller to for at understrege noget, de er gode eller dårlige til, eller hvis de har en særlig styrke eller svaghed.

5. Håndlangere har ingen, en eller to bokse i deres stress-spor, afhængigt af hvor stærke du synes de skal være. De fungerer som almindelige karakterers stress-bokse

6. Håndlangere kan ikke tage konsekvenser. Hvis de løber tør for stressbokse (eller ikke har nogen), så bliver de taget ud næste gang, de modtager skade.

CYCLOP-BØLLE
Aspekter: Cyclop-bølle, Kujon når uden hjælp
God til (+2): Skræmme andre elever, at sno sig ud af
   problemer, ødelægge ting
Dårlig til (-2): At planlægge, at lære noget
Stress: Ingen (første skade tager dem ud)

STÅL-SOLDAT
Aspekter: Stål-soldat, Natten er vores
God til (+2): Snige sig, lægge baghold
Dårlig til (-2): Modstå angreb
Stress: ☐

LUFT-HAJ
Aspekter: Jeg er en haj, Sårbar mave
God til (+2): At flyve, at bide
Dårlig til (-2): Alt hvad der ikke er at flyve eller bide
Stress: ☐ ☐

Grupper af håndlangere: Hvis du har mange håndlangere/modstandere i en kamp, kan du gøre det lettere for dig selv ved at betragte dem som en gruppe – eller måske som et par grupper. I stedet for at holde styr på et dusin hånd-langere, så kan du holde styr på tre grupper med 4 i hver. Hver gruppe handler som en NPC og har niveauer på samme måde som en enkelt håndlanger:

1. Vælg et par ting de er gode til. Det kunne for eksempel være "angrib i flok" som en af de ting de er gode til.

2. Vælg et par ting de ikke er så gode til.

3. Giv dem et aspekt.

4. Giv dem en stressboks for hver to personer i gruppen.

EN BANDE BØNDER

Aspekt: Høtyve

God til (+2): At angribe i flok

Dårlig til (-2): At planlægge, at kæmpe i undertal

Stress: (4 bønder) ☐ ☐

EKSEMPLER PÅ FIGURER

Her er fire eksempler på karakterer, du kan bruge som de er eller som inspiration til at lave dine egne karakterer.

RETH FRA ANDRALI-MODSTANDSBEVÆGELSEN

Reth er 14 år gammel. Han har mørk hud og mørkt hår, som han sætter i tykke dreadlocks. Han har let løstsiddende tøj og sandaler, og han er en ekspert i kampsport. Han er den mægtigste solpåkalder i flere generationer; han kan påkalde magisk ild til at hjælpe sig. Oprindeligt er han fra en by i Andral-ørkenen, men efter at ham og hans venner startede et oprør mod Stål-imperiet, har han været på flugt.

RETH
Koncept: Solpåkalder fra Andral-ørkenen
Problem: Stålsoldater er ude efter mig
Aspekter: Min Kong Fu er stærkest;
   Forelsket i Avasa;
   Jeg kan lære fra Serio's erfaringer

METODER
Kløgtig: Gennemsnitlig (+1)
Omhyggelig: Udmærket (+2)
Blæret: Middelmådigt (+0)
Lusket: Gennemsnitligt (+1)
Hurtig: Udmærket (+2)
Kraftfuld: Godt (+3)

STUNTS
Den trodsige sols kampstilling: Fordi jeg er ekspert i den trodsige sols kampstilling får jeg +2, når jeg Kraftfuldt Forsvarer mig i nærkamp.

(Kan vælge op til to stunts mere uden at miste Start point!)

STRESS ☐☐☐

KONSEKVENSER
Mild (2):
Moderat (4):
Alvorlig (6):

START POINT: 3

VOLTAIRE

Voltaire er kaptajn på *skibet Cirrus* – et himmelskib som krydser de mægtige skyhave. Hun er et katte-menneske – hendes krop er en blanding af menneskelige og dyriske træk. Hun bærer et pralende outfit af piratklæder inklusive en lang mørk jakke, knæhøje støvler, en pirathat og en huggert. Da hun er delvist kat, har hun en tendens til at blive søvnig ind imellem...

VOLTAIRE
Koncept: Katte kaptajn på skibet Cirrus
Problem: *Gab*
Aspekter: Det der? Nå det er en lokkedue;
    Kaptajn Martin er en snyder;
    Sanchez er verdens bedste styrmand

METODER
Kløgtig: Gennemsnitlig (+1)
Omhyggelig: Gennemsnitlig (+1)
Blæret: Godt (+3)
Lusket: Udmærket (+2)
Hurtig: Udmærket (+2)
Kraftfuld: Middelmådigt (+0)

STUNTS
Sværdsvingende pralhals: Fordi jeg er en sværdsvingende pralhals, får jeg +2 når jeg Blæret Angriber en enkelt modstander.

(Kan vælge op til to stunts mere uden at miste Start point!)

STRESS ☐ ☐ ☐

KONSEKVENSER
Mild (2):
Moderat (4):
Alvorlig (6):

START POINT: 3

ABIGHAIL ZHAO

Abighail er en elev på Troldmandsskolen og medlem af Hippogrif-huset. Hun har lys hud og langt sort hår med pink striber. Hun har opgraderet sin skoleuniform med smykker, nittebælte og spænder for at skille sig ud. Hun er særligt god til formularer. Hun elsker at overgå bøllerne i Cyclop-huset, men har dog en tendens til at handle før hun tænker.

ABIGHAIL ZHAO

Koncept: Formular-specialist fra Hippogrif-huset
Problem: Brug magi nu – spørg senere
Aspekter: Jeg hader de fyre fra Cyclop-huset; Sarah passer på min ryg; Dexter Fitzwilliam skal ned med nakken

METODER

Kløgtig: Udmærket (+2)
Omhyggelig: Middelmådigt (+0)
Blæret: Gennemsnitlig (+1)
Lusket: Godt (+3)
Hurtig: Gennemsnitlig (+1)
Kraftfuld: Udmærket (+2)

STUNTS

Lærerens favorit: Fordi jeg er lærerens favorit, kan jeg en gang pr. session bestemme at en hjælpsom lærer dukker op i scenen.

(Kan vælge op til to stunts mere uden at miste Start point!)

STRESS ☐☐☐

KONSEKVENSER

Mild (2):
Moderat (4):
Alvorlig (6):

START POINT: 3

DR. BETHESDA FLUSHING

Dr Flushing er medlem af Institut for Gravitations og Elektro-Mekanisk Analyse (IGEMA) og er en af IGEMA's førende operative agenter. IGEMA er ofte i konflikt med agenter fra forskellige internationale organisationer, som er ude på at stjæle deres teknologi for at overtage verden. Gustaf von Stendahl – leder af et hemmeligt netværk af spioner med ukendte rødder – er ofte en torn i hendes side. Dr. Flushing har rødt hår og rejser aldrig uden adskillige gadgets inklusive hendes helikopter-pack.

DR. BETHESDA FLUSHING

Koncept: Ledende operativ agent for IGEMA
Problem: Jeg får dig, von Stendahl!
Aspekter: Mine opfindelser virker næsten altid;
   Mine studerende kommer til undsætning;
   Jeg stoler på Dr. Alemiedas geniale evner

METODER

Kløgtig: Godt (+3)
Omhyggelig: Udmærket (+2)
Blæret: Gennemsnitlig (+1)
Lusket: Middelmådigt (+0)
Hurtig: Gennemsnitlig (+1)
Kraftfuld: Udmærket (+2)

STUNTS

Eksperimentel helikopter-pack: Når jeg benytter min eksperimentelle helikopter-pack får jeg +2 til Hurtigt at Skabe en fordel eller Overvinde hvis dét at flyve kunne være en mulighed.
Gadget-freak: Fordi jeg er en gadget-freak kan jeg én gang pr. session bestemme, at jeg har en ting jeg har opfundet, som kan fjerne et situationsaspekt.

(Kan vælge op til et stunt mere uden at miste Start point!)

STRESS ☐ ☐ ☐

KONSEKVENSER

Mild (2):
Moderat (4):
Alvorlig (6):

START POINT: 3

FATE ACCELERATED: REFERENCEARK 1

TERNINGSLAG s. 18

Resultat = Terningslag + Metode
+ Bonus fra Stunts
+ Bonus fra aktiverede Aspekter

RESULTATER s. 13

Mod Modstanders resultat eller Sværhedsgrad:
- **Fejler:** Dit resultat er lavere
- **Uafgjort:** Resultaterne er lige
- **Vinder:** Dit resultat er større med 1 eller 2
- **Vinder overlegent:** Dit resultat er større med 3 eller mere

SÆT SVÆRHEDSGRADER s. 37

- **Let opgave:** Middelmådigt (+0) – eller vinder uden terningslag
- **Svær opgave:** Udmærket (+2)
- **Meget svær opgave:** Fremragende (+4).
- **Umuligt svær opgave:** Sæt sværhedsgraden så højt, som det giver mening. Spillerne vil kun kunne klare opgaven ved at bruge Fate-point og få hjælp – men det er meningen.

STIGEN

+8	**Legendarisk**
+7	Episk
+6	**Fantastisk**
+5	Superb
+4	**Fremragende**
+3	Godt
+2	**Udmærket**
+1	Gennemsnitligt
0	**Middelmådigt**
-1	Dårligt
-2	**Forfærdeligt**

HANDLINGER s. 14

 Skab en fordel, når du laver eller finder aspekter s. 14:
- **Fejler:** Laver eller finder ikke, eller du gør, men din modstander (ikke dig) får en gratis aktivering.
- **Uafgjort:** Få et boost hvis du laver nyt, eller betragt som vundet, hvis du leder efter eksisterende.
- **Vinder:** Lav eller find aspektet, få en gratis aktivering.
- **Vinder overlegent:** Lav eller find aspektet, få to gratis aktiveringer.

 Skab en fordel på et aspekt du allerede kender s. 15:
- **Fejler:** Ingen fordel.
- **Uafgjort:** Få en gratis aktivering på aspektet.
- **Vinder:** Få en gratis aktivering på aspektet.
- **Vinder overlegent:** Få to gratis aktiveringer på aspektet.

 Overvind s. 16:
- **Fejler:** Fejler eller vælger at vinde med alvorlig konsekvens.
- **Uafgjort:** Vinder med en mindre konsekvens.
- **Vinder:** Du lykkedes med det, du var i gang med.
- **Vinder overlegent:** Du lykkedes med det, du var i gang med, og får et boost.

 Angrib s. 17:
- **Fejler:** Ingen effekt.
- **Uafgjort:** Angrebet skader ikke modstanderen, men du får et boost.
- **Vinder:** Angrebet rammer og laver skade.
- **Vinder overlegent:** Angrebet rammer og laver skade. Kan reducere skaden med én for at lave et boost.

 Forsvar s. 17:
- **Fejler:** Du rammes af konsekvenserne af din modstanders angreb.
- **Uafgjort:** Se på din modstanders handling for at finde resultatet.
- **Vinder:** Din modstander lykkedes ikke med det, de var i gang med.
- **Vinder overlegent:** Din modstander lykkedes ikke med det de var i gang med, og du får et boost.

Få hjælp s. 17:
- En ven kan hjælpe dig med en handling.
- Når en ven hjælper dig, så opgiver de deres egen handling i bytte for at hjælpe, og de skal beskrive hvordan de hjælper.
- Du får +1 til dit terningslag for hver ven, der hjælper
- GM'en afgør hvor mange, der kan hjælpe.

AFGØR RÆKKEFØLGEN s. 21

- **Fysisk konflikt:** Sammenlign Hurtig metode – den med de hurtigste reflekser handler først.
- **Mental konflikt:** Sammenlign Omhyggelig metode – den mest opmærksomme handler først.
- **Alle andre handler i faldende orden:** Afgør uafgjort som det giver bedst mening – GM'en har det sidste ord.
- **GM'en kan vælge, at alle NPC´er handler samtidigt med den bedste modstander.**

STRESS OG KONSEKVENSER s. 22

- **Grad af skade (i skift)** = Angrebs resultat – Forsvars resultat
- **Stress-spor:** Du kan markere **en** stressboks for at håndtere noget eller al skaden fra et enkelt angreb. Du kan absorbere et antal skift svarende til nummeret på boksen: Et for boks 1, to for boks 2, tre for boks 3.
- **Konsekvenser:** Du kan tage **en eller flere** konsekvenser for at for at håndtere skaden fra et angreb. Markér en eller flere tomme konsekvens-bokse og skriv en konsekvens i hver.
  - **Mild** = 2 skift
  - **Moderat** = 4 skift
  - **Alvorlig** = 6 skift
- **At komme sig fra konsekvenser:**
  - **Mild konsekvens:** Fjern når scenen slutter
  - **Moderat konsekvens:** Fjern ved afslutningen af næste gang I spiller.
  - **Alvorlig konsekvens:** Fjern ved afslutningen af scenariet.
- **Taget ud:** Hvis du ikke kan (eller vil) absorbere hele skaden fra et angreb, så er du taget ud, og modstanderen bestemmer, hvad der sker med dig.
- **Trække sig:** Træk dig før din modstander slår med terningerne, og giv dig selv mulighed for at bestemme, hvordan du forlader kampen. Du får et eller flere Fate-point.

METODER s. 18

- **Kløgtig**: Når du tænker hurtigt, løser problemer eller tager højde for komplekse ubekendte.
- **Omhyggelig**: Når du er opmærksom på detaljer og tager din tid for at udføre handlingen korrekt.
- **Blæret**: Når du får opmærksomhed; noget udført i flot stil.
- **Lusket**: Når du vil vildlede, snige dig eller snyde.
- **Hurtig**: Når du bevæger dig adræt og behændigt.
- **Kraftfuld**: Når du bruger rå styrke.

ASPEKTER s. 25

- **Aktivere s. 27**: Brug et Fate-point til at få +2 eller et nyt terningeslag til dig selv eller øg sværheds-graden for en modstander med 2.
- **Tvinge s. 28**: Få et Fate-point, når et aspekt gør dit liv mere kompliceret.
- **Bestem facts s. 29** Aspekter er sande. Brug dem til at bestemme fakta om din karakter eller jeres verden.

TYPER AF ASPEKTER s. 25:
Karakter-aspekter s. 25
- Skrives ned, når du laver din karakter
- Kan ændres, når du når en milepæl

Situationsaspekter s. 26
- Beskrives ved starten af en ny scene
- Kan også laves med Skab en fordels-handlingen
- Kan fjernes med en Overvinds-handling
- Forsvinder, når situationen slutter

Boosts s. 26
- Kan aktiveres en gang (gratis) – derefter forsvinder de
- Kan fjernes af en modstander med en Overvinds-handling
- Ubrugte Boosts forsvinder, når scenen slutter

Konsekvenser s. 23
- Bruges til at absorbere skift fra et angreb
- Kan aktiveres af din modstander på samme måde som et situations-aspekt.

INDEKS

ORDLISTE

Aspekt Et ord eller en sætning, der beskriver noget specielt omkring en person, et sted, en situation eller en gruppe. Aspekter kan aktiveres ved at bruge et Fate-point, eller du kan tjene et Fate-point ved at blive tvunget til at følge et aspekt.

Boost Et midlertidigt aspekt som kun kan bruges én gang, hvorefter det forsvinder. Repræsenterer en midlertidig fordel.

Fate-point Point, der kan bruges til at aktivere aspekter. Du holder styr på dem med poletter, mønter el.l.

Fate terninger Terninger, der viser enten (+), (-) eller (0). Du slår altid med 4 terninger og lægger resultatet sammen.

Game Master (GM) Den person, der styrer NPC´ere, finder på udfordringer, beskriver scener og hjælper med at anvende reglerne. Kaldes også en spil-leder på dansk.

Kampagne En serie af scenarier, der tilsammen fortæller en sammenhængende historie.

Karakter En person i spillet, som styres af en spiller.

Metode En beskrivelse af, hvordan du gennemfører en opgave. Der er 6 metoder: Kløgtig, Omhyggelig, Blæret, Lusket, Hurtig og Kraftfuld.

Håndlanger En navnløs NPC, f.eks. en anonym bandit eller et monster.

NPC "Non-Player Character": Karakterer i spillet, som ikke er repræsenteret ved spillere; styres af Game Masteren.

Scenarie En kort historie, der indeholder flere scener, og som spilles over én eller flere sessions. Kan være en del af en kampagne.

Scene En begivenhed med en start og en slutning, hvori spillernes karakterer i jeres spil får mulighed for at være fantastiske.

Session Én gang, hvor I mødes og spiller. Kan vare fra en enkelt til mange timer.

Stigen En række af tal, som hver er beskrevet med et ord, der beskriver et metodeniveau, en sværhedsgrad, resultatet af et terningslag, osv.

Stunt Et trick, en manøvre, en teknik eller noget udstyr, der ændrer den måde én af dine metoder virker for dig.

Zoner Områder, der beskriver hvor figurerne i en scene opholder sig. Din figur kan have konflikter med andre figurer i samme zone.

KARAKTERARK

FATE™
ACCELERATED

Navn

Beskrivelse

Point fra sidst

Start point

ASPEKTER

Koncept

Problem

METODER

KLØGTIG

OMHYGGELIG

BLÆRET

LUSKET

HURTIG

KRAFTFULD

STUNTS

STRESS

1 **2** **3**

KONSEKVENSER

2 Mild

4 moderat

6 Alvorlig

**Se eksempler udover dem du finder i bogen,
download ekstra materiale og
se videoer af live Fate-spil på vores hjemmeside**

faterpg.dk

Her finder du også elektroniske versioner af karakterarket og referencearkene, så du slipper for at skulle kopiere dem fra bogen, og kan printe dem i stedet.

Hvorfor laver vi en dansk oversættelse af Fate?

Rollespil er efter vores mening en af de bedste måder, man kan bruge sin fantasi på – særligt hvis man er barn. Men for børn, der ikke læser engelsk ret godt – eller som bare ikke er så gamle – findes der ikke ret mange muligheder for at komme i gang med at spille. Så med oversættelsen af Fate Accelerated prøver vi at give alle en chance for at spille rollespil i lige præcis den verden, der interesserer dem.

Vi har valgt at bruge Fate systemet, fordi man hurtigt kommer i gang, og fordi det ikke kræver en stor investering - alt hvad du behøver er bogen her og nogle terninger.

Vi håber, at I får det sjovt!

Stefan Kiel Nielsen og Glen Voss

Tak til Mikkel Thorsted, Simon Spoorendonk, Ole Nissen og Lise Føns Voss for deres uvurderlige input til denne bog